走遍世界

很简单

ZOUBIAN SHIJIE HENJIANDAN

美国大探秘

MEIGUO DATANMI

知识达人 编著

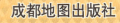

成都地图出版社

图书在版编目（CIP）数据

美国大探秘/知识达人编著 . — 成都 : 成都地图
出版社 , 2017.1（2021.10 重印）
（走遍世界很简单）
ISBN 978-7-5557-0413-3

Ⅰ . ①美… Ⅱ . ①知… Ⅲ . ①美国—概况 Ⅳ .
① K971.2

中国版本图书馆 CIP 数据核字 (2016) 第 208203 号

走遍世界很简单——美国大探秘

责任编辑：张　　忠
封面设计：纸上魔方

出版发行：成都地图出版社
地　　址：成都市龙泉驿区建设路 2 号
邮政编码：610100
电　　话：028 - 84884826（营销部）
传　　真：028 - 84884820

印　　刷：唐山富达印务有限公司
（如发现印装质量问题，影响阅读，请与印刷厂商联系调换）

开　　本：710mm × 1000mm　1/16
印　　张：8　　　　　字　　数：160 千字
版　　次：2017 年 1 月第 1 版　印　次：2021 年 10 月第 4 次印刷
书　　号：ISBN 978-7-5557-0413-3

定　　价：38.00 元

前 言

　　美丽的大千世界带给我们无限精彩的同时，也让我们产生很多疑问：世界上到底有多少个国家？美国到底在什么地方？为什么奥地利有那么多知名的音乐家？为什么丹麦被称为"童话之乡"？……相信这些问题经常会萦绕在小读者的脑海中。

　　为了解答这些问题，我们精心编写了这套《走遍世界很简单》系列丛书，里面蕴含了世界各国丰富的自然、地理、历史以及人文等社会科学知识，充满了趣味性和可读性，力求让小读者掌握最全面、最准确的知识。

　　本系列丛书人物对话生动有趣，文字浅显易懂，并配有精美的插图，是一套能开拓孩子视野、帮助孩子增长知识的丛书。现在，就让我们打开这套丛书，开始奇特的环球旅行吧！

路易斯大叔

美国人，是位不折不扣的旅行家、探险家和地理学家，足迹遍布全世界。

多多

10岁的美国男孩，聪明、活泼好动、古灵精怪，对一切事物都充满好奇。

米娜

10岁的中国女孩，爸爸是美国人，妈妈是中国人，从小生活在中国，文静可爱，梦想多多。

目　录

目　录

引 言

　　夏天的夜晚总是那么热闹，多多正坐在窗前津津有味地翻着一本书，上面美轮美奂的彩图让他心动不已。

　　"哎呀，路易斯大叔，我们很久没有出去旅行了呢！"多多恋恋不舍地合上手中的书，脑海中装满了刚刚在书上看到的那些仙境一般的照片。

"噢？"路易斯大叔转过头，拿起多多刚刚放下的书看了一眼，"《美国国家地理概况》？可是你现在就在美国呀。"

多多噘起嘴不满地说："可是它上面说的好多地方我都没有去过呢！我都不知道美国还有那么多美丽的景色和那么多神奇的地方。"

"哈哈哈哈……"路易斯大叔大笑起来，同时拍了拍他的肩膀，"是啊，美国可是世界上最发达的国家，是世界上的超级大国，当然有很多你还没有了解的地方。"

"路易斯大叔，你什么时候带我们去看看美国其他的地方呀？"米娜听到他们的对话也凑了过来。

"嗯，让我想想。"路易斯大叔皱着眉头想了想。不一会儿，他就拍着手对两个孩子说，"现在是夏天，我们一块儿去夏威夷冲浪吧！"

"太棒了！"多多高兴地跳了起来，一下扑到了路易斯大叔的怀里，一脸兴

奋，"那我们什么时候能出发？"

"这一次，我们就从东到西走一遍美国！咱们下星期就出发吧。"路易斯大叔开心地笑着，摸了摸多多的头。

"嗯，米娜，你要多带条裙子去，到时候我们就可以在沙滩上跳舞了！"多多开始和米娜计划起来。

"哈哈，不需要，我们还要经过很多地方才能到夏威夷呢。路上那么多商店，你们肯定能找到自己喜欢的衣服。我们要轻装上阵。"路易斯大叔笑着说。

"好！"两个孩子异口同声地答道。

"那我们第一站去哪里呢？"
多多眨巴着眼睛看着路易斯大叔。

"你想去哪里呢？"路易斯大叔问。

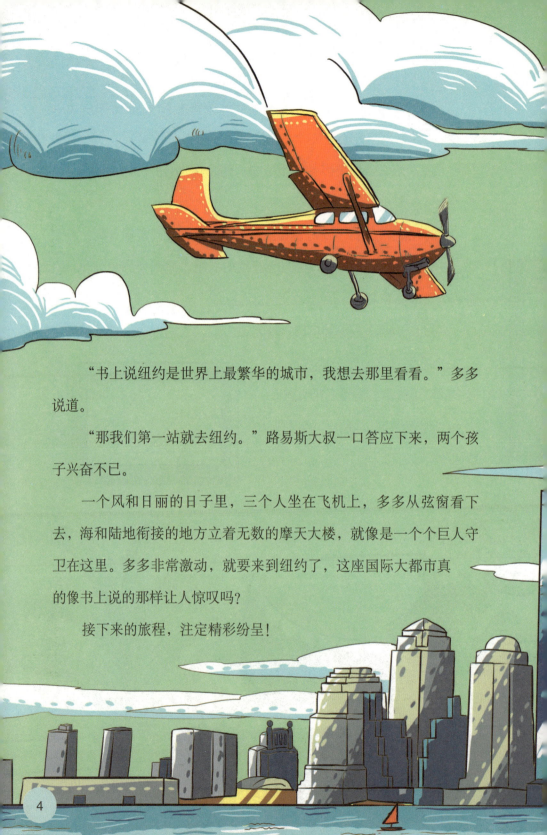

　　"书上说纽约是世界上最繁华的城市，我想去那里看看。"多多说道。

　　"那我们第一站就去纽约。"路易斯大叔一口答应下来，两个孩子兴奋不已。

　　一个风和日丽的日子里，三个人坐在飞机上，多多从弦窗看下去，海和陆地衔接的地方立着无数的摩天大楼，就像是一个个巨人守卫在这里。多多非常激动，就要来到纽约了，这座国际大都市真的像书上说的那样让人惊叹吗？

　　接下来的旅程，注定精彩纷呈！

第1章

来到纽约

"路易斯大叔，我们现在是要去哪里呀？"一出机场，多多就迫不及待地问道。

"我们去一个来纽约必去的地方。"路易斯大叔朝他眨眨眼睛，卖了个关子。

米娜紧紧地拽着路易斯大叔的手，双眼却好奇地打量着周围的一

切：这里的人们脚步匆匆，每个人都像是在赶着去做什么事情，真好玩！

三人上了一辆出租车，路易斯大叔给司机说了一个地点，大家就正式向景点出发啦！两个孩子把脸紧紧地靠在窗边，睁大眼睛看着外面的一切：繁华的街道，拥挤的商铺，高耸的摩天大楼，一切充满生机和活力。

"路易斯大叔，纽约怎么那么多大楼呀？还有，这里的车也比我们那里多好多！"多多感叹着说。

路易斯大叔搂着多多的肩膀说："那是当然，纽约是美国人口密度最大的城市，也是美国最大的商港和经济中心。人们都把这里称作'大苹果'。"

听到这里，米娜笑了起来："大苹果？是我们吃的那种苹果吗？纽约的形状并不像一个苹果呀！"

"'大苹果'可不是那个意思。"路易斯大叔笑着解释，"因为纽约经济发达，对于新移民而言处处充满机会，所以人们就喊它'大苹果'，意思是好看

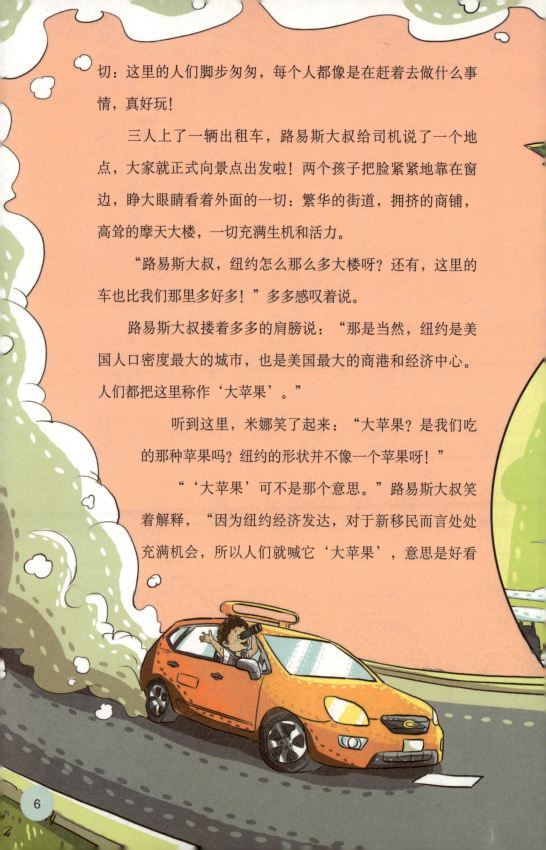

好吃，人人都想咬一口。"

"原来是这样呀！"两个孩子恍然大悟。这时候，多多像是发现了新大陆一般，兴奋地喊道："看，快看，那座雕塑！我在书上看到过！"

路易斯大叔看了看窗外，脸上露出了满意的笑容："孩子们，准备下车，我们的目的地到了。"

　　刚下车，一阵清凉的风吹来，米娜忍不住打
了一个哆嗦。她穿着夏天的小短裙，没想到这个
地方竟然会这么凉爽。

　　"纽约是海港，这里当然会有海风啦！"路易斯大叔笑呵呵地说。

　　看到海边的塑像围着很多人，旁边还有很多人在这里取景照相，
多多不由得叹了口气。米娜好奇地问："怎么了？"

　　"怎么那么多人在这儿？还有，这座塑像真的
好高，刚刚在车上我都没有看出她有那么高大！"

　　"你猜猜这座铜像有多高？"路易斯大叔听到
了他们的对话，弯下腰问道。

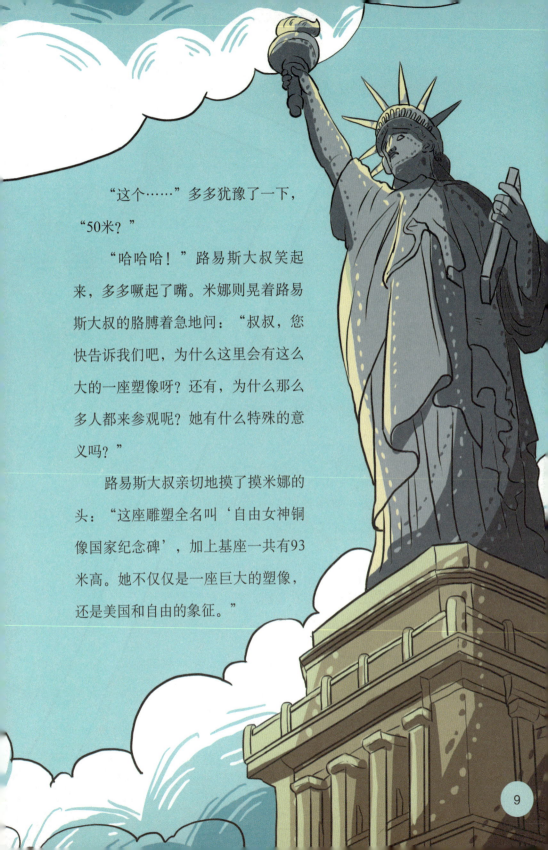

“这个……”多多犹豫了一下，“50米？”

“哈哈哈！”路易斯大叔笑起来，多多噘起了嘴。米娜则晃着路易斯大叔的胳膊着急地问：“叔叔，您快告诉我们吧，为什么这里会有这么大的一座塑像呀？还有，为什么那么多人都来参观呢？她有什么特殊的意义吗？”

路易斯大叔亲切地摸了摸米娜的头：“这座雕塑全名叫‘自由女神铜像国家纪念碑’，加上基座一共有93米高。她不仅仅是一座巨大的塑像，还是美国和自由的象征。”

两个孩子听了还是一脸的迷惑不解："可是为什么要选择一座雕塑作为美国的象征呢？"

　　"你们仔细看看，她的右手是不是举着一个火炬？还有她的左手拿着一本书？"

　　"嗯，是的呢。"米娜仔细看了一下说道。

　　"这就对了。"路易斯大叔说道，"她右手上的火炬象征着自由，而左手那本书是《独立宣言》，还有她脚下那些打碎的镣铐，那些都象征着自由、挣脱暴政的束缚。此外，这座自由女神像位于纽约港，来来往往的船只都能看到她，所以她就自然而然地成为这里的象征啦。"

　　虽然路易斯大叔解释了很多，可两个孩子却越听越糊涂了："路易斯大叔，什么是《独立宣言》呀？"

　　"这说起来可就复杂了。等晚上我再给你们慢慢解释。来，我们先和自由女神像合个影吧！"路易斯

大叔笑着说。

"嗯！"多多一听拍照就来了精神。三人选了个角度，和自由女神像合了影。多多吹着海风，在海边像小鸟似的跑来跑去。忽然，他想到了一个问题："路易斯大叔，为什么纽约市里面竟然会有海呢？"

"哈哈，我说过啦，纽约市是一个海港口，它的一些行政区是建立在岛上的，因为它拥有这

11

种得天独厚的地理优势，所以进出口货物非常便利，也非常方便移民，不然它又怎么会被人们称为'大苹果'呢？"

"嗯，大苹果，大苹果。"多多笑嘻嘻地说道，"现在我们又要去哪儿呢？"

"逛了这么长时间，我可饿坏了，先填饱肚子吧。"路易斯大叔边说边往前走。两个孩子紧跟在后面，心里盘算着等一下可以吃到什么样的美食。纽约既然这么发达，美食一定很多，光是想想就要流口水了呢！

"咦？路易斯大叔……"走着走着，米娜觉得不对劲，喊住了前面的路易斯大叔。

"怎么了？"

"我们不是在纽约吗？怎么来中餐馆吃饭啊？"米娜不解地问道。

"是啊是啊，路易斯大叔，带我们去吃纽约的特色美食吧！"多多也说。

"这你们就有所不知了。"路易斯大叔笑道，"纽约是出了名的美食汇，因为移民多，加上经济发达，各种特色的餐馆这里都有，而且品质一流。来纽约，你们可以尝到世界各地的美食！"

"哇塞！"多多的眼睛几乎要发光了，他马上跑到前面，"那我一定要尝个够！"

三个人品尝着独具风味的中餐，多多夹了一块鸡肉放在嘴里，含糊不清地说："路易斯大叔，你刚刚在港口那里跟我们说的《独立宣言》是什么呀？"

"噢，那个呀……"路易斯大叔喝了一口茶，微微眯起眼睛，"美国可是个很年轻的国家，它在1776年7月4日宣布独立，当时签署的就是这部《独立宣言》。《独立宣言》标志着美国的独立，所以这部文书是美国最重要的立国文书之一。"

"我明白了。"多多眼睛一转，说，"1776年独立，到现在都200多年了，您居然还说美国是个年轻的国家。"

"哈哈，国家的年龄和人的可不一样。相对世界上的其他大国，例如英国和中国，美国确实是个非常年轻的国家。"

"所以您才说，它是充满活力的，对吗？"

"美国充满活力，可不仅仅是因为它年轻。等到晚上，我带你们去看看夜景，你们就明白我为什么会这么说了。"

自由女神

自由女神全名为"自由女神铜像国家纪念碑",正式名称是"照耀世界的自由女神",是法国在1876年赠送给美国独立100周年的礼物。美国的自由女神像位于美国纽约州纽约市哈德逊河口附近,是雕像所在的美国自由岛的重要观光景点,被誉为美国的象征。美国的自由女神像是法国著名雕塑家巴特勒迪以法国巴黎卢森堡公园的自由女神像为蓝本,用了10年的时间才完成的。巴特勒迪的创作灵感来自他的母亲和妻子。自由女神服装是古希腊风格的,其所戴头冠有七个类似光芒的尖尖的物体,它们象征着世界七大洲及五大洋。

第2章

充满活力的曼哈顿岛

　　"哇塞！好热闹的地方！"短暂的休息之后，三个人一块儿走到了街上。米娜看着拥挤的人群惊叹不已。

　　"我在电视上见过这个！"多多喊了起来，米娜顺着他手指的方向看去，原来是一座大厦的橱窗，"电影里面也有这个地方！没想到竟然是在这里拍的呢！"

　　"这个街道看起来非常熟悉，电视里好像经常出现。"米娜的注意力已经完全被各式各样的商铺吸引住了。

"孩子们，我们已经来到著名的'纽约第五大道'了，在这里你们可以尽情地逛街购物。这里跟电视剧里的场景是一样的哦。"路易斯大叔说。

"我喜欢这个！"路易斯大叔的话还没说完，多多已经冲进了一家玩具模型店。这里几乎囊括了所有的玩具模型，从小型的汽车到飞机模型，还有巨大的恐龙模型，无所不有。"这里简直就是童话世界啊！"多多目不转睛地看着一个小火车模型，每一个细节都不放过。

"你们就喜欢这些无聊的东西。"米娜噘着嘴，在一旁不满地说。她对这些汽车模型可一点儿兴趣都没有，对她来说，隔壁那个芭比娃娃商店才是最有吸引力的。

"你哪里懂？我们班的同学都喜欢这个！"多多说道。

"要这些模型有什么用呀，又不能当作真的汽车来开。"米娜撇撇嘴，把多多硬拽出了模型商店，走到芭比娃娃商店里。米娜眨巴着大眼睛说："看，这些漂亮吧？"

多多看着米娜手里精致的小裙子不置可否，这时，一个声音忽然响起，吓了两人一跳："站住！"

话音未落，就看到几个身穿警服的人从门口跑过去，手里还拿着警枪。这阵势可把米娜给吓坏了，她想到

了电视剧里面警察追捕坏人的情景，还有那些戴头套的恐怖分子。难道她第一次来纽约就碰上这种事了？

"走，我们去看看。"多多的脸上满是好奇，拉起米娜就跟了过去。

多多一直特别崇拜电视剧里面那些维护正义的使者，他总是想象着自己有一天也能拿着枪去抓坏人。如今总算在现实生活里遇到这个场景，他自然想冲上去，要当个小战士。

可是一想到匪徒那高大威猛的样子，多多心里还是有点害怕，但同时他又很激动：自己就要成为小英雄了！

但接下来的情景，却让多多傻了眼。本以为接下来会看到警匪大战的场面，却只看到几个"警察"在休息，而那个"匪徒"竟然友好

地与"警察"聊天。

"这……这是怎么回事？"跟在后面的米娜不解地问道。

此时，"匪徒"已经摘掉头套，围观的人群也渐渐散去。多多和米娜两人大眼瞪小眼，不明白刚刚那一出究竟是什么意思。

"小朋友，你们在做什么呢？"其中一位"警察"像是看出了他们的疑惑，走过来问道。

"你们怎么不抓住他，他不是匪徒吗？"多多小心翼翼地看向那个"匪徒"，生怕被"匪徒"发现自己在"指证"他。

多多的话音刚落，在场的大人们都哈哈大笑起来，就连从后面气喘吁吁赶来的路易斯大叔也笑了。两个孩子愣在那里，不知道是怎么回事。

　　"小朋友，我不是匪徒，我们在拍戏呢！"那位"匪徒"走过来解释道，同时拍了拍多多的肩膀。

　　"那你们怎么会有枪？还有这些制服？"多多不解地看着他们。

　　"来，我演示给你看看。"那位"警察"笑呵呵地把自己刚刚用的手枪拿出来，多多拿在手里看了看，"呀"地喊了出来。

　　这哪里是真枪啊，分明就是一个高仿模型，实际上这只是一个壳子。

　　多多的脸"腾"地红了，他不好意思地看着那位"匪徒"说：

"对不起，我以为……"

"没事没事，哈哈，如果你真的想体验一下抓坏人的话，可以来做群众演员哦。"那位演员建议道。

"群众演员？"多多有些惊奇，"我真的可以吗？"

"当然可以，我们很欢迎勇敢的小朋友。"一旁的导演也插话进来。多多这一回可真是乐翻了，他马上去换上警服，站得笔挺，真像个小警官似的，还调皮地朝米娜招了招手。路易斯大叔用相机"咔嚓"一下，为多多记录下了这帅气的一刻。

"站住！把手放到后面！"多多的语气和表情都惟妙惟肖，和电视上的警察简直一模一样。虽然只有短短的一分钟，但多多已经过足了瘾，何况路易斯大叔还给他拍了很多照片作纪念。

两个孩子恋恋不舍地离开了拍摄的地方，继续逛街。

"真没想到，在这里能遇到真正的演员呢。"米娜依旧回味着刚刚那激动人心的一刻。

"所以说，第五大道是一个神奇的地方呀。在这里，你可以遇到各种各样的明星、名人，说不定他们此刻就在某个店里购物呢。"路易斯大叔说道。

太阳渐渐落山，孩子们的肚子也饿得咕咕叫了，多多说："路易斯大叔，不如我们现在就回酒店休息吧，今天我们已经逛了很久了。"

"不急不急，我们先去吃点东西，等会儿还有更好看的东西等着我们呢。"

　　两个孩子疑惑地看着路易斯大叔，但路易斯大叔却只是呵呵一笑，没有多解释，直接把他俩带到餐馆里吃饭。

　　"路易斯大叔，我们等会儿还要去哪里呀？晚上还能看什么景点吗？"坐在餐馆里，米娜问道。

　　"我知道！"多多一副了然于胸的样子，喝了一口可乐，说道，"路易斯大叔晚上肯定是想带我们去看恐怖片，吓唬我们。"

　　"真的吗？"米娜光是听着就已经觉得有些害怕了，她的胆子小，每到晚上一个人睡觉都觉得害怕。

"不不不，今晚我们会去一个很美的地方，绝对不是去看什么恐怖片。"路易斯大叔向米娜打包票。

两个孩子的眼里满是疑惑，内心却对路易斯大叔说的这个"很美的地方"充满了期待。纽约已经给了他们太多的惊喜，这儿真的是一个神奇的城市。

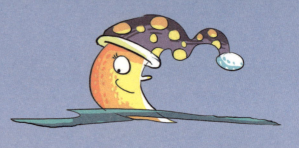

第3章

建筑师手下的奇迹

"路易斯大叔，这个街道我们今天已经走了一天了。"跟在后面的多多有些不满地说道。

"是啊，您究竟要带我们去什么地方呀？"米娜不解地问。

"孩子们，我们要去当一回金刚。"路易斯大叔说。

"什么？！金刚？"两个孩子异口同声惊奇地喊道。

"我们怎么可能变成金刚呢？"多多急切地问。

"到了你们就知道啦。"路易斯大叔依旧卖着关子，坚持把惊喜留到最后。

"这里好漂亮啊！"走着走着，米娜忍不住感叹。天色渐渐暗了下来，第五大道上的路灯像是约好了似的一盏盏亮了起来，摩天大楼也打开了灯，整条街道被映照得五光十色。米娜觉得自己好像来到了童话中的水晶宫，四周都是亮晶晶的。

多多也注意到了周围的变化，吃惊得合不拢嘴。

"怎么样，我就说还有更美的地方看吧。"路易斯大叔呵呵笑着。

"太美了！设计这些的人一定是个天才！"多多感叹道。

"一会儿还有更大的惊喜呢！"路易斯大叔朝他眨眨眼睛，真像个调皮的小学生。

两个孩子对视一眼，心里充满了期待。路易斯大叔口中那个神秘的地方，究竟会是什么样的呢？

三个人来到了一座金碧辉煌的大楼，多多看着不断上升的电梯层数，兴奋不已。而米娜却紧张地拉住路易斯大叔的手，咽了咽口水。

"叮咚"一声，当楼层数字变成102的时候，电梯门开了，多多

第一个走了出去。

米娜却有些害怕，犹犹豫豫地不敢

往前走。天啊！自己居然到了102层，这该是有多高啊？

"米娜快过来！"多多像是发现了新大陆一样兴奋地喊道。

"噢。"米娜小心翼翼地迈着步子，走到多多身边，但她却不敢

睁开眼睛，生怕看到脚下的万丈深渊。

"米娜，睁开眼看看，好美啊！"多多说。

"是啊，米娜，不用害怕。"路易斯大叔也鼓励着她。

在两个人的鼓励下，米娜终于睁开了眼睛，一下子就被眼前的美

景惊呆了。

她感觉自己像是站在世界的顶端，五光十色的大地，各式各样的大

楼伫立在下面，她就像是一个巨人，隔着玻璃窗俯瞰着下面的一切。

车水马龙的公路像是一条流动的河流，在各式各样的大楼之间流淌着。而行人，已经小得几乎看不见了。

"怎么样？"路易斯大叔笑呵呵地问。

两个孩子点点头，目光舍不得离开窗口。多多问道："路易斯大叔，我们现在是在哪里呢？"

"我们现在在一座伟大的建筑上。"路易斯大叔说道。

"伟大的建筑？"米娜觉得很奇怪，怎么会用"伟大"来形容一座建筑呢？

"嗯，"路易斯大叔继续说道，"这里叫帝国大厦，你们听说过吗？"

　　"我知道，我知道！"多多抢着回答，"我在电影《金刚》里见到过这个地方，它是在这里拍摄的吗？"

　　"嗯，就是在这个平台上拍摄的。"路易斯大叔点点头，"不止是《金刚》，还有很多电影、电视剧，都是在这座大厦拍摄的。"

　　"纽约的摩天大楼不是有很多吗？为什么偏偏选这一座呢？"米娜不解地问。

多多环顾四周，整个纽约市被包围在无数的摩天大楼之中，像帝国大厦一样宏伟壮观的建筑也有不少。

"你们还记得我们昨天看到的自由女神像吗？"路易斯大叔一手挽着一个孩子说道。

"嗯，当然记得啊，她是纽约的标志呀。"米娜说道。

"我们现在所在的帝国大厦，和自由女神像一样，也是纽约的标志。"路易斯大叔说。

"纽约那么多的高楼大厦，为什么只有帝国大厦那么特殊，能成为纽约的标志？"米娜依旧不明白。

"这就要从帝国大厦的历史说起了。"路易斯大叔看着远方说，"帝国大厦建于1931年，一直到1971年世贸大楼建成之前，帝国大厦都是全纽约最高的建筑。"

"哇，那就是说，它

雄踞纽约第一高楼达40年之久咯？"多多惊叹道。

"是的。"路易斯大叔摸摸多多的小脑袋，"但是后来在'9·11'恐怖事件中，世贸大楼遭到袭击，帝国大厦又重新成为了纽约第一高楼。"

"难怪呢，原来它是纽约最高的大厦，所以那么特殊。"多多恍然大悟。

"它可不仅仅是因为高度才引人注目的。"路易斯大叔继续说道，"随着科技的发展，越来越多的高楼大厦会建立起来，但帝国大厦在纽约的标志意义却是不会改变的。孩子们，你们在第五大道时肯定已经发现，帝国大厦的形状就像是一支巨型铅笔，上面有一个尖端高塔。帝国大厦的'铅笔型'也被人誉为'最美的空中轮廓线'。许多有名的公司都把在帝国大厦办公看做是一种显示公司规模的标志，同时帝国大厦也是第五大道繁华的标志之一。"

"我明白了，帝国大厦已经成为纽约发展的历史见证，所以不管它的高度是否被超越，它的地位都是不会变的。"米娜点点头道。

"你们看，你们看！"多多突然

兴奋地大喊。

路易斯大叔和米娜循声看去，原来是一架飞机，机翼上的灯光一闪一闪的，在夜空中像是一颗流星般划过。三个人静静地站着，看着那一闪一闪的灯光慢慢消失于云端，久久不发一言。

无数的灯光照亮了纽约的上空，它就像是上天最宠爱的一颗明珠，璀璨绚丽。无数的商业活动，无数的派对，都在这一片沃土上进行。在第五大道上，人们尽情地购物、狂欢。在这里，没有黑夜，一天24小时，这里都充满活力。

"路易斯大叔，纽约真美。"米娜喃喃地说道。

"嗯，明天我们就要离开这里前往新的目的地了，今晚就让我们把这一切都记住——记住这里的繁华，记住这里的美丽。"

路易斯大叔说道。

两个孩子点点头，依依不舍地俯视着纽约的一切。短短的两天，他们才逛了纽约市里的一个小小角落，这座城市还有多少魅力是他们还没有看到的呢？这恐怕也是每一个到过纽约的人都会有的感受。这个城市的一切都那么地令人着迷，让人舍不得离开。

睡觉前，孩子们依旧站在酒店的窗户前，看着外面的世界，

迟迟不愿意休息，直到路易斯大叔下了命令，才恋恋不舍地爬上床。

"路易斯大叔，明天我们会去哪里呀？"米娜窝在被子里问道。

"明天我们要去一个新的城市，那里也同样是美国一个非常重要的地方。"路易斯大叔走过来，亲昵地摸摸她的脑袋说道。

两个孩子很有默契地对视一眼，心里都充满了期待。不知道下一个城市会不会像纽约一样具有魅力，让他们留恋不已。

"早点睡吧，明天我们还要赶路呢。"路易斯大叔关了电灯，两个孩子很快进入了梦乡。

纽约第五大道

　　第五大道是纽约曼哈顿区的中央大街，道路两旁都是高楼大厦，其玻璃幕墙闪闪发亮，这里是"最高品质与品位"的代名词。第五大道上货物丰富品牌齐全，而且高档优质，是世界上一条著名的商业街道。这里货品琳琅满目，商店鳞次栉比，而且多数的商店都有很多家分店，规模很大，在世界各地都很有名气。你能够想到的知名商店和任何商品在这里都能找到它们的踪影。现在，第五大道已经成为纽约的商业中心、文化中心、购物中心和旅游中心。

第4章

不一样的费城

告别纽约后，路易斯大叔和两个孩子乘坐汽车飞奔了两个小时，终于到达了第二个目的地。一下车，多多就嚷嚷道："我饿了，路易斯大叔，咱们赶紧吃东西去吧。"

"别急，很快就有好吃的了。"路易斯大叔拍了拍多多的小脑袋，笑呵呵地说。

"今天我们能吃上特色菜了吗？"米娜问道，在纽约的三天里，他们算是尝遍了世界各地的特色美食，可偏偏就是没有属于纽约本地的特色菜肴，不知道今天来的这个地方有没有什么当地特色的食物。

"来，跟我走。"路易斯大叔领路，两个孩子跟在后面，一边赶路一边看沿途的风景。

"费城真漂亮啊！"多多已经完全被四周的风景迷住了，早忘记了饥饿。

"是啊，这里街道很干净，空气也很好呢。"米娜也说道。

路易斯大叔听到两个孩子的对话，放慢了脚步，对他们说："这就是费城的特色啦，非常适合徒步旅行。"

"可是很多城市的市容都很不错啊，路易斯大叔，为什么我们要选择费城呢？"多多问道。

"等下我再跟你们解释，现在先填饱肚子吧！"说着，路易斯大叔带他们走进了一家餐馆。刚坐下来，两个孩子还在眼巴巴地等菜单，可是路易斯大叔已经给他们做了主："给我们来三个起司牛肉堡。"

"我不爱吃起司牛肉堡。"米娜小声抗议道。

"你先试一试，这里的起司牛肉堡和其他地方的可不一样。"路易斯大叔执意将食物塞到米娜手里，可她还是有点迟疑。

　　"试一试嘛，米娜，真的好好吃！"多多咬了一口后，看到米娜还没开动，鼓励她。

　　米娜皱着眉头咬了一小口，露出了诧异的神情："这个起司牛肉堡好好吃！比我以前吃过的都好！"

　　"哈哈，那是当然的。起司牛肉堡是费城的招牌食物，别的地方可做不出这个味道。"路易斯大叔三下五除二就把一个起司牛肉堡吃完了，还意犹未尽地舔舔嘴。

　　"孩子们，加快速度啦，我们今天还要走很多地方呢！"路易斯大叔催促道。

　　不一会儿，三个人满足地走出了餐厅。多多走着走着，忽然觉得不对劲："路易斯大叔？"

　　"嗯，怎么了？"路易斯大叔停下脚步问道。

　　"我们该不会一整天都要走路吧？"多多皱着眉头问。

　　"那是当然！来费城，坐车可就浪费了这么美的风景。"路易斯大叔笑着说。

"天啊！"多多哀叹，他觉得自己的腿已经要废了。

米娜却好像还没觉得累，她正乐此不疲地拿着照相机拍摄城市的建筑。这个宁静的城市非常合她的心意，刚下车她便喜欢上了这里。

"看，我们要看的第一个景点到啦！"路易斯大叔总算停下了脚步，对两个孩子说道。

听到这句话，多多一下子来了精神，跑到最前面，兴奋地喊道："快来快来，米娜快过来。"

"咔嚓"一声，米娜刚到，便给多多

和旁边的大钟照了一张。两个孩子蹦蹦跳跳地跑上去，就想要敲钟。

"等等……"路易斯大叔大喊一声，赶忙制止了两个孩子。多多不解地看着他，好不容易才看到一个好玩的东西，居然还不让他敲，真不明白路易斯大叔的葫芦里卖的是什么药。

"呀，这座钟已经坏了。"米娜惊呼一声。多多这才发现，大钟上面有一条显眼的裂痕，看来它的历史已经很长了。

"孩子们，这座钟可不能随便敲哦。"路易斯大叔说道。

"为什么呀？它都已经有裂痕了，为什么费城的人不换一座新的大钟呢？"多多问道。看着大钟，他心里始终痒痒的，想要敲上一次。

"因为这并不是普通的钟。"路易斯大叔说。

"不是普通的钟？"米娜好奇地绕着大钟走了两圈，却始终没发现它的特别之处。除了看起来比较老以外，别的地方根本没有什么特别的呀。

　　"你看这里。"路易斯大叔指了指一个地
方，米娜走过去，看到一个牌子，上面密密麻
麻地用不同语言的文字写着一些东西。

　　"这是什么文字呀？我都看不懂。"多多不满地嚷嚷。

　　"你看的是外语的牌子，肯定不懂啦。看这里，有英文的。"路
易斯大叔摸了摸他的小脑袋。

　　多多走过去，仔细看了看，然后恍然大悟地说道："原来这座钟
叫自由钟呀！"

　　"什么自由钟？"米娜也好奇地走过去一起看。

　　路易斯大叔在一旁说道："是的，这座自由钟对于费城人民的重
要性和自由女神像对纽约人民的重要性是一样的。"

　　两个孩子都满脸期待地看着路易斯大叔，心中满是疑问：一座有裂
痕的大钟也能成为一个城市的象征？这实在是太奇怪了。

"你们还记得我之前提起过的《独立宣言》吗？"路易斯大叔问道。

"我知道，我知道。"多多抢着答道，"《独立宣言》就是美国在宣布独立的时候颁布的一个重要文件。自由女神手上拿着的就是它！"

"嗯，对了！"路易斯大叔摸摸他的小脑袋以示夸奖，"美国人民在宣布独立的时候，不仅仅颁布了这个文件，还敲了钟，表示从那一刻起，美国就独立了。而当时敲的，就是这座自由钟。"

"原来是这样！这么说来，这座钟

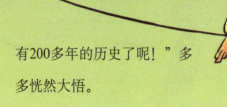

有200多年的历史了呢！"多
多恍然大悟。

　　"所以，这座自由钟在美国人民的心里象征着自由，可不是随便
谁都能敲的。"路易斯大叔说道。

　　"它不会只敲那么一次就坏了吧？质量可真不好。"米娜噘着
嘴说。

　　"当然不是。"路易斯大叔笑了，"这座大
钟还参与了美国历史上的很多重要事件，它最后
一次被敲响，是在1846年纪念华盛顿总统生日的
时候。"

　　两个孩子绕着大钟转了几圈，路易斯大
叔正在专心地摄影。忽然，他听到"当"的
一声，吓了一跳，马上瞪直了眼睛对多多说：
"不是说不许敲这座大钟的吗？！"

"哈哈，路易斯大叔，你被骗了。"多多调皮地眨眨眼睛，把藏在身后的手伸出来。路易斯大叔一看，哑然失笑。原来，刚刚多多敲的不是大钟，而是手里的三角铁。

　　"你这捣蛋鬼。"他哭笑不得地说。

　　"路易斯大叔，我们已经看了自由钟，下一站去哪里呀？"米娜凑过来问道。

第5章

惊心动魄的大瀑布

　　"过几天，我会带你们去一个好地方，一定会让你们惊喜万分！不过，那地方离这里有些远，我们先休息一两天。"吃过晚饭后，路易斯大叔说。

　　两个孩子可耐不住性子，一定要刨根问底，缠了半天终

于知道，原来他们下一站要去的是尼亚加拉大瀑布。

时间过得飞快，几天后他们就乘车来到了大瀑布附近。

"来，跟我走。"路易斯大叔走在前面，两个孩子跟着。走着走着，他们来到河边，路易斯大叔率先坐上了一艘小船。

"这……这……路易斯大叔，我们要坐船吗?！"多多吃惊地喊道。

"那是当然，我们要去的地方，就得坐船去才行。"路易斯大叔已经让出了两个座位，招呼两个孩子下来。

"我……我晕船。"米娜面露难色，坐在船里面战战兢兢。

"别怕，来，穿上。"路易斯大叔像变魔术一样拿出两件救生衣，又给他们披上塑料衣，还细心地给米娜脖子上的相机加了个塑料套子。

　　船开动了，多多和路易斯大叔脸上满是兴奋，唯独米娜还是有些害怕。她不解地问："路易斯大叔，为什么要穿这些呀？"她觉得穿上救生衣，怎么坐都不舒服。

　　"笨蛋，因为怕你掉到水里啊，这样就能保护你了，穿上这些塑料衣，是怕水会溅湿你的衣服。"多多抢先答道，一脸得意。这些知识都是他在书上看到的。

　　"多多说得对，你等下就会

明白啦。"路易斯大叔把米娜往船头拉了拉，和自己坐在一起。

小船晃晃悠悠，米娜却觉得船好像越来越不稳了。她晕船，一有点儿什么变化马上就能感觉出来。

"孩子们，你们听！"路易斯大叔的神色严肃起来，两个孩子屏住了呼吸，仔细地听着。"轰隆隆，轰隆隆"，一阵阵雷鸣般的声音传来，越来越大。多多吃惊地张大了嘴，四处张望，却怎么也找不到声音的来源。而米娜已经紧张地抓住了路易斯大叔的手，心里有些恐惧，不知道前面究竟有什么。

"轰隆隆，轰隆隆"，声音越来越大，像是一头猛兽在向他们逼近。小船一个转弯，"猛兽"的声音俨然就在耳边，而眼前的景观，把船上的三个人都惊得说不出话来。

一张巨大的水帘呈现在他们面前，汹涌的水流"哗啦啦"地从断壁倾泻而下，像是无数的珍珠从天而降，同时在空气中形成了朦胧的水雾。即使现在离瀑布还有一段距离，两个孩子已经觉得水珠钻到了他们的身体里、毛发中、脖子里，湿漉漉的、凉凉的，带着一股清香。

当然，最令两个孩子震惊的还是那个大瀑布。那么长，那么大，简直没有尽头，他们从来没有见过那么大的瀑布，而且它传出来的巨大声音，就像是雷声一般震撼人心。

"孩子们，抓稳了！"路易斯大叔喊了一声，然后小船继续前

进，不断地逼近瀑布。近了，近了，更近了，瀑布越来越清晰。

快到瀑布底下的时候，路易斯大叔停了下来，再往前的话小船可能会被飞流而下的瀑布冲走。在这里，两个孩子已经觉得自己像是在雨里一般，浑身都笼罩在水雾之中。而震耳欲聋的声音又给了他们巨大的压迫感，感觉这个大瀑布像是一头猛兽，就在他们的上方。

"太美了！"半晌，米娜才呆呆地说了一句话，她已经完全被美景震惊了，忘记了自己的晕船症。

"这就是大自然的馈赠。"路易斯大叔的眼里带着崇拜和赞美，"只有大自然，才能创作出这么壮丽的作品。人类在自然面前，是非常渺小的。"

"嗯。老师说过，我们要好好保护大自然。"多多也插话进来。

"路易斯大叔，这就是尼亚加拉大瀑布呀？"

"是的，尼亚加拉大瀑布是加拿大和美国的跨国瀑布，也是世界三大跨国瀑布之一。"路易斯大叔说，"我们现在看到的，只是瀑布的一个侧面，要看瀑布的正面，得跨过国界到加拿大去看。那里的景观，比这里的更加雄伟，更加壮丽。"

"这里只是侧面？！"米娜有些不敢相信，单单侧面已经那么大，整个瀑布得有多大啊？

"嗯，但现在我们在美国，只好先看看侧面啦。"路易斯大叔说，"这个瀑布现在的水流量已经越来越小了，因为人们要取这里的水流去发电，我们一定要竭尽所能地保护瀑布景观，不让它消失在这个地球上。"

"嗯！"多多一脸严肃地点点头，俨然一个小战士，他的使命便是保护大自然。

直到三个人的衣服差不多都湿透了，路易斯大叔才撑着小船离开。"轰隆隆，轰隆隆"的声音越来越远，但两个孩子心中所受的震撼仍未平息。这种壮丽的景色，是任何人造的景观都无法比拟的。

尼亚加拉大瀑布

尼亚加拉瀑布位于加拿大安大略省和美国纽约州的交界处，是世界上著名的三大跨国瀑布之一。"尼亚加拉"在印第安语中是"雷神之水"的意思，印第安人认为瀑布的轰鸣是雷神说话的声音。尼亚加拉瀑布包括美国瀑布、新娘面纱瀑布及马蹄瀑布。事实上，美国境内的尼亚加拉瀑布只是整个瀑布的一个侧面，如果你想观赏到全貌的话，那么你最好去加拿大。尼亚加拉瀑布水量丰富，落差大，气势磅礴，巨大的回声就好像千军万马过境一般，来这里赏景的游客无不为之震撼。

第6章

穿越大平原

回到酒店，两个孩子都强烈要求先休息几天。

"路易斯大叔，我们就休息两天，然后再出发，好吗？"米娜拽着路易斯大叔的衣角说。

路易斯大叔面露难色，这次行程是他早就计划好的，要是打乱了可就拖延时间了。

　　"一天，一天好了吧？这几天看了那么多景致，我还没来得及好好整理相片呢。"米娜见路易斯大叔不作声，马上又补充道。

　　"是啊，路易斯大叔，您带我们去看的景点还有好多好多的知识，我都在网上查了，您再给我一天的时间，明天我给你们俩当导游！"多多给米娜帮腔。

　　"你都查到了什么？让我看看。"路易斯大叔走过去看多多手中的小册子，只见上面密密麻麻地写了好多字，还有一些简单的建筑轮廓。他仔细看了看，面露笑容，夸奖道："不错，多多，这样的旅行才有意义！要从旅行中学习到新知识。我答应你们，明天休息，后天多多给我们当导游，带我们穿越大平原！"

　　"哦耶！"两个孩子高兴地击掌庆祝。

　　第三天，三个人精神饱满地走上了旅途。多多特意戴了一顶红色的太阳帽，有模有样地走在前面，手里还拿了张地图。

　　"我给你们介绍一下，接下来我们将要经历一场伟大的旅行。"他的表情很严肃，米娜忍不住笑出声来："别装了，快给我们说说接下来要去哪里。"

　　"看，"他把手中的地图拿出来，指着上面一条从东到西用红色标记出来的线路，"我们今天要正式离开繁华的美国东部，穿越中部，这就是我们要走的路线。"

　　米娜仔细看了看，"咦"了一声："多多，为什么这张美国地图那么奇怪，上面有那么多不同颜色，而且明显东西两边和中间这一片的颜色不一样呢？"

"哈哈，这是我特意买的地形图。美国的地形大致是中间平坦，两侧有山脉，我们刚刚离开的是美国的东部，也就是阿巴拉契亚山脉以东，中间这一大片是辽阔的平原；而在西边，这条长长的山脉，叫作落基山脉。这两个山脉决定了美国的城市分布和经济发展形势。前些天我们看的都是城市风光，从今天开始，我们要在大平原上观赏美国的田园风情啦！"

"哇塞！多多你好厉害！"米娜听着多多说了这么长的一段，再看他的地图上密密麻麻标注的地名，眼里

流露出钦佩的神情。

"孩子们，上车吧，我们在途中能学到更多的知识。"路易斯大叔一直微笑着听两个孩子说话，上来催促道。

"嘟嘟"两声，汽车出发了。两个孩子为了看到沿途的风光，特意打开了车窗，路易斯大叔也降低了车速，让他们尽情欣赏。

"米娜，你看！"刚出城没多久，周围的景色就开始不断地变化，一栋栋摩天大楼逐渐远去，绿树和平原越来越多，还时而出现几间乡间别墅。到后来，周围已经完全不见了城市的气息，放眼望去尽

是平坦的土地，天际与地面合成一线，仿佛一片金黄色海洋。

更让人惊叹的是，在那大片"海洋"中，点缀着星星点点的收割机，就像是小帆船一般。收割机一层层地滚过金黄的麦浪，身后留下大捆大捆的麦子。两个城市里的孩子还是第一次看到这样真实而清晰的收割场景，他们都把眼睛瞪得大大的，目不转睛地盯着看：原来他们平时吃的面包就是由这样收割上来的小麦加工而成的，真是太神奇了！

"路易斯大叔，这大片的小麦都是谁的呀？这里怎么连个管理的人都没有呢？"此时，汽车已在公路上开了许久，两个孩子看着单调而重复的景色也有点疲倦了，提出了心中的问题。

　　"这就是美国农业的特色啦！你看有那么平坦的土地，还有那么先进的收割机，还需要很多人来管理吗？"路易斯大叔反问道。

　　"可是……至少这片庄稼的老板应该在这里吧？"米娜问。

　　"我知道！这叫现代农业，机械化管理，米娜，这片土地的主人可能住在纽约城里呢，他们是城市农场主。美国的农业机械化程度非常高，除了收割阶段外，在播种、施肥等几个重要的阶段也基本都是机械化管理，有时甚至还会采用飞机播种、飞机施肥这些更加先进的模式。所以农场主们自然不用担心，都到大城市里面生活，他们只需要把这些粮食卖出去就行了。"多多有些得意地说道，这些知识都是他昨天在网上查到的，今天果真就派上了用场。

"好漂亮的大平原啊，如果能在这里有一座小房子，我也愿意到乡下来生活。"米娜看着外面层层金黄色的麦浪感叹道。

"你看到的只是平原的一小部分哦，在这片辽阔的平原上，还有很多不同种类的作物。美国的玉米、水稻、大豆和棉花产量，都是在世界排名领先的。"路易斯大叔说。

听了两人的话，米娜心想，美国果然是一个富饶的大国，不管是大城市还是农业区，高科技的影子处处可见。

"美国的工业、农业都居于世界领先位置，这也跟美国的地形有关。米娜，在你的家乡中国，人们是怎么种植庄稼的？"路易斯大叔说。

"嗯——"米娜想了想，她在中国城市里长大，只跟着家人回过

几次乡下，"哦，那里的稻田是小小的，人们都在田里劳作，还有大水牛呢！"

"嗯，在世界其他很多国家，农业都是由人力完成的，可是在美国，农业的全程机械化已经基本实现了，所以美国才如此地富饶。"路易斯大叔说。

"真舒服，如果能够在这里有座房子，天天吹着凉爽的风该多好。"多多吹拂着凉风惬意地说。

"孩子们，关上窗，我们要加速前进啦！"路易斯大叔一声令下，小汽车开始像猎豹一般飞驰在田间的路上。

第7章

密西西比河探险游

走了好几天的平原路，三个人从北到南，从东到西，把麦田、棉花田、大豆区和水稻区都看遍了，每到一站地路易斯大叔都给两个孩子讲解不同农作物的种植知识，两个孩子还在途中下车亲自体验了一回农

家乐。虽然他们最后都滚了一身的泥，但是却非常开心，旅途的辛劳完全被获得新知识的快乐所取代。

这天，吃过早餐之后，两个孩子照例要上车，路易斯大叔却把他们拉向一边："我们今天要换一种交通工具喽。"

"嗯？"两个孩子好奇地对看了一眼，他们都还记得上次观赏大瀑布时路易斯大叔用小船把他们带到瀑布底下的场景，实在是惊心动魄，不知道这一回路易斯大叔要带给他们什么惊喜。

路易斯大叔把他们带到一片宽敞的地带，伴随着"轰轰"的声音，两个孩子望向天空，只见一架直升机正向这里飞来，最后稳稳地降落在他们前方。舱门打开，一个穿着制服的男人走下来，路易斯大叔过去和他亲切地拥抱了一下，把他介绍给两个孩子："这位是机长——慕斯叔叔。"

"慕斯叔叔，您好。"两个孩子都乖巧地打了招呼。

　　"慕斯叔叔，路易斯大叔，我们等下要坐直升机出发吗？"多多兴奋不已。坐着直升飞机旅行，这也太酷了吧！

　　"来，我们上机吧。"慕斯叔叔温和地笑着，一手搂着一个孩子走向直升飞机。几个人坐定之后，听到身边的"轰轰"声越来越大，上面的螺旋桨不断加速旋转，接着，直升机便慢慢地离开了地面。多多和米娜目不转睛地盯着下方，只看到下面的事物越来越小，直到人变成差不多小蚂蚁大小了，飞机才停止了上升，缓缓朝前飞行着。

　　"路易斯大叔，我们这是要往哪个方向走啊？"多多有些疑惑，这次出行竟然动用了直升飞机，他特别好奇路易斯大叔要带他们去的到底是什么样的地方。

"你们一会儿就知道了。"路易斯大叔永远是这样，不直接给孩子们答案，他希望孩子们自己去探索发现。

飞机先是加速，之后开始慢慢减速，两个孩子明显感受到了速度的变化，他们往下一看，金黄的麦浪和白花花的棉花田早已经被抛到了身后。在他们的下方，是无数的摩天大楼和纵横交错的街道，喧闹声似乎刺破了云霄，传到了他们的耳畔。

"孩子们，注意看！"路易斯大叔指着前方的一个地方，直升机正朝着那里缓缓地飞过去。慢慢地，前方的景物越来越清晰，先是一片绿油油的树林，接着是一条巨龙般卧在地上的大河。

这条河非常大，当直升机靠近，你会发现，和大河比起来，直升机简直就像是一条小船。看到这里，两个孩子不由地担心直升机会坠落在大河里，马上被大河冲走。

"天啊，这是什么河啊，怎么那么大，那么长？"米娜忍

不住说。

　　"多多，你知道这是什么河吗？"路易斯大叔有意考考多多。

　　"我当然知道！这是密西西比河，我在书上看到过。它是世界第
四长河，源头在美国东北部的五大湖区，在南边注入墨西哥湾。"多
多有些得意地说。

　　"嗯，好样儿的！"路易斯大叔称赞道，"看，这里就是它的入
海口。"不知不觉，直升机已经飞到一片繁华地区的上空。两个孩子
往下看去，巨大的河流分出了好多个岔口，这些分支把大地切割成
一块块棋盘，建筑、行人星罗棋布地穿插其中。其中，属主干流
入海的地方声势最为宏大，无数水流平静地融入大海，米娜觉
得这不是一条河流，而是一头有生命的巨
兽，历经长途跋涉后回到了故
乡。

　　"来，孩子们，我们下去

看看吧。"直升机缓缓地降落在一个平台上，慕斯叔叔说了一声"再见"后便再次驾着飞机离开了。两个孩子和路易斯大叔一直走到了一处高地，在这里可以尽览密西西比河入海口的风光。

河边设有很多的码头，许多巨轮在这里起航，也有很多人忙着把货物装到集装箱里运到城市去，还有许许多多观光的人在这里取景拍照。

伟大的密西西比河，像是一位慈父，滋润着美国中部肥沃的土地，给了人们一条黄金的交通线，它就像是一部隆隆作响的马达，载着美国不断前进。

"路易斯大叔，密西西比河到底有多长啊？"米娜问。

"它有6262千米长呢，流经了美国29个州。你看到那些来来往往的商船了吗？密西西比河可是美国中部经济的生命线啊！它就像是一条血管，沟通了中部和外界，是美国的一条黄金水道。"路易斯大叔饱含深情地说。

两个孩子感受到了路易斯大叔语气里的严肃，他们默默地看着这条忙碌的大河，感觉它真的就像流淌在自己的血液里一般。

"多多，你一定要爱这条大河，它是美国不可或缺的河，是滋润了美国的河。"路易斯大叔补充了一句。

　　"我知道，它就跟中国的长江一样！"米娜急切地说，"在中国，长江也是这样一条大河，它滋润了中国的土地，而密西西比河则滋润了美国的土地。"

　　"嗯。"多多郑重地点点头，他已经把路易斯大叔的话深深地记在了心里。在看过了美国的富饶和辽阔之后，他怎么会不感谢这条带给美国这一切的神奇的密西西比河呢？

密西西比河

密西西比河全长6000多千米，其长度仅次于非洲的尼罗河、南美洲的亚马逊河和中国的长江，是世界第四长河，也是整个北美大陆的第一长河。密西西比河以其广阔的主流和各个支流宽广的流域面积被称为世界第三大水系。它发源于落基山脉东部，向南流经中部平原，注入墨西哥湾。它的流域广阔，灌溉了美国中部的大片土地。密西西比河同时还是一条"黄金水道"，是世界上最繁忙的商业水道之一。它也被称为"老人河""父河"。

第8章

黄石国家公园

离开密西西比河的入海口，三人又开始了新一轮的旅途。这一回，路易斯大叔总算没有继续保密下去，告诉了两个孩子新的目的地——黄石国家公园。不过，在他们坐着直升飞机飞往目的地的过程中，路易斯大叔要求两个孩子看了一部曾经风靡世界的电影——《2012》。

不用说，这种电影最合多多的口味了，他看得津津有

味，尤其是看到男主角开着汽车在倒塌的城市里不断穿行，像超人般避开种种致命的危险后，他高兴得几乎要跳了起来。而米娜则看得惊心动魄，看着里面那些受到严重破坏的城市，心里也跟着男主角一起忐忑不安。

经历了漫长的飞行，一行人总算是从南部密西西比河的入海口处来到了位于美国中西部的北落基山和中落基山之间的黄石国家公园。慕斯叔叔和几个人友好地告别后就去给飞机做保养了，而两个小家伙则跟着路易斯大叔去超市里采购装备，因为路易斯大叔说了，他们要在黄石公园里面野营呢！

　　"来，我们出发吧。"三个人各背着一个大大的背包，正式向黄石公园进发啦！这是一次正式的野营，路易斯大叔走在前头带路，米娜胆小走在中间，多多则像个小战士一样在后边保护着她。一路走过青葱的树林、斑驳的石子路，还越过了淙淙流淌的小溪。这里真美，

就像是世外桃源一般，到处都有小鸟的鸣叫，时而还能看到前方受惊穿梭而过的野兔，就像走在一幅画里一样。

接近傍晚的时候，三人终于到了图上标示好的野营目的地。路易斯大叔把营地设立在一片草地上，不远处是一个平静的湖，湖水碧绿，明镜般地躺在那里，偶尔飞鸟掠过，带起点点波痕。湖对面是矮矮的小山丘，蓝天白云，湖光山色，一切都美得不可思议。

"记住，孩子们，你们野营的时候，千万不能在河流的下游或者地势较低的地方扎营，万一夜晚河水暴涨会非常危险。但是野营的地

点附近最好又能有水源，这样才能方便取水。"路易斯大叔一边扎帐篷一边向两个孩子传授简单的野营知识。

"嗯，我知道啦！"帐篷刚一扎好，多多就迫不及待地拿起鱼叉，脱下鞋子挽起裤脚，一路小跑着到湖边，希望能扎到一两条鱼作为今天的晚餐。一想到烤鱼诱人的香味，他简直要流口水了！

"米娜，快来看！"他高声地呼喊着。米娜跑过去，远看不知道，走近了才发现，原来在平静无波的湖面下，有无数的鱼儿，它们在水里穿行着，从湖边看过去一清二楚！

"嘿！"多多有模有样地往下一扎，有了！只见尖尖的鱼叉上已经挂了一条摇头晃脑的大鱼。两个孩子高兴坏了，赶紧将"战利品"

给路易斯大叔。米娜急着生火，而多多已经又回到湖边忙开了。

"嘿！嘿！嘿！"不一会儿，多多又带了两条鱼回来，米娜笑眯眯地把鱼收拾干净放到炭火上烤。多多似乎还没尽兴，还要返回湖边叉鱼，路易斯大叔赶紧制止道："够啦，多多，我们今晚已经有足够的食物了。"

夜幕降临，白天各种美丽斑斓的色彩都陷入了黑暗，一轮明月高高挂在天际，照耀着这一片美丽的湖光山色。平静的湖水在晚上看起来更加神秘了，里面似乎隐藏着无限的秘密。

两个孩子一边吃着烤鱼，一边聊着天，吹着山里吹过来的风，听着小鸟的鸣叫，这种生活，实在是太美了！

"这里简直是人间仙境啊！"多多感叹。

"那可不是，这里是大自然的明珠，是世界上第一个国家公园。"路易斯大叔躺在草地上惬意地说。

"路易斯大叔，您真厉害，知道那么多漂亮的地方。"米娜崇拜地说。这一路走来，她眼界大开，对美国的印象已经完全改变了。

"哈哈，美国可不是只有汉堡和薯条的国家。你们要知道，每一个国家都有它的历史和内涵，而发掘这些历史和内涵的最好方法，就是了解这个国家，像我们现在这样，把美国游览一遍。"

　　"美国的历史？路易斯大叔，您在开始的时候就跟我们说了自由女神和自由钟的历史，但是这个黄石国家公园，它只是一个天然形成的地方，是大自然的馈赠，它和美国的历史又有什么关系呢？"多多又迷惑不解了。

　　"确实，这个黄石国家公园是自然遗产，但是这里是1807年被发现的，1872年成为世界上第一个国家公园，所以它的地位可谓是举足轻重。而且，这里的大棱镜温泉被誉为"地球上最美丽的表面"，我们旅游，不仅仅要拍好看的照片，还要知道更多东西才有价值啊。"路易斯大叔缓缓地说。

　　"嗯，我懂了。"米娜点点头。可是多多还是疑惑不解，米娜微笑着说："旅游不仅仅是为了欣赏美景，更是为了了解这一片景物的内涵，学习到新的知识，这才是旅行的意义。"

"米娜说得对，孩子们，你们一定要记住这一点，这样我们的旅行才会更有趣，更有收获。"路易斯大叔亲昵地拍拍米娜的肩膀。

"是的是的，我知道中国是一个历史非常悠久的国家，很多景点都是古人们用智慧建造起来留给后人的，美国肯定也有很多这样有趣的地方。"米娜笑眯眯地说。

多多似乎明白了，他默默沉思了一会儿。三人吃完烤鱼后又聊了会儿天，之后便互道晚安钻进帐篷里面呼呼大睡了。

黄石国家公园

　　黄石国家公园简称黄石公园，它是世界上第一个国家公园，也是世界上最壮观的国家公园之一。这片地区原本是印地安人的圣地，后来被美国探险家路易斯与克拉克发现，逐渐开发为世界上最早的国家公园。在1978年的时候，它被列为世界自然遗产。公园的99%都没有经过人工开发，全部为广袤的自然风景。黄石公园地貌多样，有火山、瀑布、温泉等，其大棱镜温泉被誉为"地球上最美丽的表面"。作为全美最大的野生动物保护区，这里居住着灰熊、老鹰、驼鹿和大角羊等野生动物。园内还设有历史古迹博物馆。

第9章

拉斯维加斯

第二天早晨，在山风的吹拂下，三个人都神清气爽地上路了。由于黄石国家公园里面还有灰熊等

大型动物，为了保护两个孩子的安全，路易斯大叔带着他们去看过了温泉瀑布后便离开了这个地方。离开之前，米娜站在野营的湖边拍了一张珍贵的照片，照片上的她站在一片草地上，身边是各色的野花，比在家穿着花裙子照出来的照片都好看。

上车后，多多和米娜边吃着压缩饼干边叽叽喳喳地讨论接下来的行程。路易斯大叔询问："下一站你们想去什么地方啊？"

"我想去热闹的地方！"多多大声地嚷嚷。

"我也是！"米娜马上附和着。

"好嘞，我就带你们俩去一个热闹的地方。加足马力，出发！"路易斯大叔的语气里洋溢着激情。当两个孩子下车的时候，才知道路易斯大叔

所言不虚，因为他们看到大街上车辆、行人川流不息，喇叭声简直能赶上纽约了。

可是，路易斯大叔为什么要把他们带到这样一个城市呢？他们已经看过了纽约城，看过了费城，不知道这个城市又会有什么特别的地方，让路易斯大叔赶了那么久的路把他们带过来。

走进酒店，服务生笑眯眯地对他们说："欢迎来到拉斯维加斯。"此时，两个孩子已经被酒店精致的装潢惊呆了，头顶上的大吊灯比最漂亮的星星还要明亮，地上的大理石能把人影倒映得一清二

楚，还有设在那边的长沙发、巨
大的落地窗户、高雅的紫色缀
帘、雕满金花的旋转楼梯……这
些都让他们看得目瞪口呆，还好路易斯大叔清醒着，
拉着他们走进房间，免去了许多笑话。

"路易斯大叔，这个酒店好漂亮。"三人放好
行李后便走到了街上，米娜一出门就迫不及待地说。
她抬起头看了看酒店宏伟的大楼，还有门前那个阔气
的游泳池，由衷地流露出了赞赏。

"这是世界十大酒店之一，当然漂亮啦。"路易斯大叔笑着说。

"哇塞！"听到自己能够住进那么好的酒店，多多的眼睛发亮了。街上的人多得几乎可以用"摩肩接踵"来形容。更重要的是，多多发现，这里的人们脸上都带着一种异样的神情，似乎眼里都发着炽热的光芒，拉斯维加斯这座城市仿佛有无限的能量可以供他们吸取。

"路易斯大叔，那里是什么地方？"多多率先发现了一个巨大的招牌，那附近满满当当地停着各种各样的名牌车辆，还有很多衣

着讲究的人进进出出，只是每个人的表情各异，有的人兴奋不已，而有的人却愁眉苦脸。

　　路易斯大叔顺着他手指的方向看了看，拉住了正要往前的多多："那里是一个很疯狂的地方，你们现在还不能进去。"

　　"咦？"两个孩子有些疑惑地看着他。

　　"那是赌博的地方。"路易斯大叔眨了眨眼睛说。

　　赌博？！米娜的脑海里马上浮现了妈妈从小跟她说过的关于远离赌博的话，说那些赌徒的处境非常凄惨，因为赌博弄得妻离子散，家财散尽。在中国大陆，赌博是非法的，可在这里，竟然有人敢明目张胆地开设赌博场所，而且来这里赌博的人看起来都不像是她想象中那种落魄的样子，而是开着名车，穿戴非常整齐。

"拉斯维加斯是一座非常特殊的城市，在这里，赌博是合法的。"路易斯大叔解释道，"也因此，这里一度被称为赌城。但是，这里的赌博可不是小赌了，来这里赌博的人往往都是各个国家地区的富豪，他们来这里赌博娱乐，结交朋友，享受在别的地方享受不到的乐趣。在这里，很多人一夜之间能暴富，也有很多的人一夜输成穷光蛋。"

"原来如此！难怪我刚刚就注意到，这里的人们表情都和别的地方的人不一样，他们都有一种狂热的感觉。这是一座疯狂的城市。"多多恍然大悟地说。

"嗯，不仅仅是赌博，这里还有很多娱乐场所，可以供人们尽情地狂欢。拉斯维加斯是世界的娱乐之城。"路易斯大叔说。

"已经晚上十一点了，可街上的人一点儿也没变少。"多多看了一眼手表，感叹着街上好像永远不会减少的车流和人流，还有那些漂亮的霓虹灯。整座城市看起来就像是一个亮晶晶的大金矿，吸

引着无数的人前来。

　　"赌城是没有夜晚的。"路易斯大叔笑着说，"好了，孩子们，我们先回去吧，明天我们再来看看另一个样子的拉斯维加斯。"

　　第二天他们一觉就睡到了中午，路易斯大叔开着车带他们去兜风。白天的拉斯维加斯和晚上可大不一样，白天的人们看起来都很忙碌，奔波于写字楼之间。那些大型的赌场没有了夜色的掩饰，笼罩在它们身上的神秘面纱似乎消散了不少。多多和米娜终于可以一览拉斯维加斯的风采了。

与别的城市一样，拉斯维加斯同样有很多摩天大楼和繁华的商业街，只是大街小巷遍布的各种娱乐场所把它和别的城市区分开来了。两个孩子发现路易斯大叔把车越开越远，一直开到城市郊野一个荒凉的地方。这里人迹罕至，环境看起来非常地恶劣，是一片接近干旱的戈壁。

　　"路易斯大叔，你不是迷路了吧？"米娜喝了一口水，这个地方实在是太热了，太阳火辣辣地晒着，她的嘴唇都快出血了。

　　"没有，孩子，我是让你们看看另一个拉斯维加斯。"路易斯大叔说。

　　"这哪里还是拉斯维加斯啊？这么荒凉，简直就是个荒漠。"多多嘟着嘴说。他的心已经飞到刚刚一路上见到的那些电玩室里了，还有游乐园。这里简直就是一个游玩的天堂嘛！

　　"哈哈，孩子们，那你们可就错了，拉斯维加斯就是在这样一片荒漠上建立起来的，它最初也是一片不毛之地。"路易斯大叔说。

　　两个孩子听了都觉得有些不敢相信。怎么可能呢？拉斯维加斯那么充满生机与活力的一座城市，仿佛从来就是这样繁华，怎么可能是在这样的大荒漠上建起来的呢？

　　"听我说，"路易斯大叔看到两个孩子疑惑的眼神，继续说道，"拉斯维加斯本来是一片荒漠中的绿地，但当时这里还相当的贫瘠，发现它的将军曾经绝望地认为这里永远都会是这样一个不毛之地。后来，拉斯维加斯所在的内华达州发现了金矿，人们纷纷过来淘金，拉

斯维加斯才逐渐地建立起来。后来，在20世纪30年代，内华达州作出决定，宣布在拉斯维加斯境内赌博是合法的，因为这个特殊的规定，这里的博彩业发展起来。尤其是最近几十年，这里的发展令人瞩目，从1990到2003年，这里的人口竟然增长了80%，所以，这里就成了我们今天看到的这个繁华的拉斯维加斯。"

"原来是这样子。"米娜听了恍然大悟。但是她看着这一片荒凉的土地，想象着在这上面一栋栋摩天大楼拔地而起，无数人不断涌入这里，这座城市的建立仍然让她难以置信。

"跟我回城，我们去找好吃的去。"路易斯大叔率先跳上汽车，三个人又一次激情洋溢地出发了，在拉斯维加斯可不能失去了激情，这里可是冒险家的乐园呢！

"哇！这里怎么还有埃菲尔铁塔呢？"经过一个地方，米娜看着周边的一个建筑，吃惊地喊。

"哈哈，米娜，你再仔细看看。"路易斯大叔哈哈大笑。

米娜又看了看，"呀"了一声，原来她看到的不是真正的埃菲尔铁塔，只是一个形似的模型，可以说是迷你型的。

"这里有很多世界上著名建筑的模型，好好玩几天，也可以看到很多世界各地的美景。"路易斯大叔说。

车停了下来，路易斯大叔把他们带到一条繁华的街道上。这里开满了饭店，各种风格的装潢都能找到，热情的服务员站在门口招呼他们进去，饭店里传出来的阵阵香气，简直让人不能自己。

"老板，给我们来三份烤肉。"三人走进一间巴西风味的餐厅，里面的装修和服务员的衣着都是巴西风格的。多多刚刚坐下就先忙着招呼自己的肚子了，米娜则好奇地看着这里的服务生，他们说的语言还有衣着都让她觉得很新鲜。

"来，这里还有阿拉伯烤肉。"走在街上，多多率先发现了一个卖烤肉的地方，又上去买了好几串。接下来，一路上的美食让他们应接不暇，日本寿司、法国小面包，还有来自米娜的家乡——中国的正宗的饺子……真是让人吃不尽，看不完，到最后三个人的肚子都像西瓜一样圆滚滚的。

"吃饱了，我们就去看好玩的吧。"路易斯大叔笑呵呵地说。两个孩子兴奋地对望一眼，他们知道接下来的节目一定会非常的精彩。果不其然，路易斯大叔把他们带进了一家金碧辉煌的大戏院里，在拉斯维加斯的大街上有很多这样装饰豪华的戏院。两个孩子坐在黑乎乎的戏院里，看着尚未开幕的舞台，心中猜测着接下来究竟会是怎样的惊喜。

一阵掌声响起，舞台上的幕布缓缓拉起，他们看到一个穿着西装、打扮得很正式的男人站在舞台上：他的头发梳得纹丝不乱，先是

缓缓地给观众们鞠了一个

躬。接着，他从头上取下那顶高得有些夸张的礼帽，前前后后都给观众们展示了一下，又在舞台上缓缓地转了一圈。米娜和多多看得有些莫名其妙，不知道他这些行为是什么意思，刚想问路易斯大叔，却被他用手势制止了。

很快，他们就明白了。因为那个演员在展示完自己的帽子后，用一只手托住帽子，另一只手像是抓什么东西一样在空气里抓着，然后把手放进帽子里。可是，观众们看到他抓的分明只有空气，帽子里却扑棱一下飞出了一只小鸟！

掌声响起，米娜和多多兴奋地拍着手，是魔术！他们平时只能在电视节目上看到，没想到今天能看到真人表演，而且看起来非常精彩。

接下来魔术师的一连串表演更是让人惊叹不已。他能从明明空无一物的手上变出一朵鲜艳的玫瑰，也能自如地把玫瑰变消失，而到最

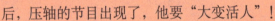

后，压轴的节目出现了，他要"大变活人"！

　　只见工作人员推上来一个大箱子，魔术师打开箱子的门，观众们可以清晰地看到这是一个空荡荡的箱子。魔术师把箱门关上来后，又做了几个手势。当他再一次打开箱门时，一个漂亮的女孩从里面走了出来，谁也想不出这个女孩究竟是从哪里变出来的。掌声雷动，经久不息，两个孩子鼓掌鼓得尤其卖力，这一场魔术表演实在是让他们大开眼界。

　　魔术表演之后，路易斯大叔还带着两个孩子去看了马戏和杂技表演，这两个表演都是在设施豪华的场地进行的。不管是那些凶猛的老虎还是杂技团演员超高难度的跳跃，都给孩子们留下了深刻的印象，这个晚上，他们几乎把梦想中要看的表演都看了一遍，实在是太尽兴了！

"孩子们，你们玩得开心吗？"路易斯大叔问道。

"开心！"两人异口同声地回答。

"要是能永远在这里玩就好了。"多多向往地说。

"哈哈，这就是娱乐之城的魅力。但是我们明天就要离开了，拉斯维加斯是一座很有魅力的城市，像一块磁铁般吸引着人们，用狂欢的方式让每一个来过这里的人都舍不得离开。"路易斯大叔说。

"嗯，我懂，我们可以来娱乐，但是不能上瘾，大人们说过的。"米娜笑眯眯地回答。

"对。"路易斯大叔赞赏地摸了摸米娜的脑袋，三个人愉快地走回了酒店。拉斯维加斯依旧喧哗着，他们却安稳地进入了梦乡，在梦里，多多还在笑呢。

拉斯维加斯

很多年前的西部开拓者将这片土地命名为拉斯维加斯——牧草地，是为了祈祷将来这片环境恶劣的、荒凉的不毛之地能够被开发成一片肥沃的草原，这样他们就能够在这里放牧了。拉斯维加斯是美国内华达州最大的城市，它是以赌博业为中心，集庞大的旅游、购物、度假产业为一体的商业城市。它被称为"世界娱乐之都"和"结婚之都"。拉斯维加斯是世界知名的度假圣地之一，这里的度假旅馆非常多。1931年，拉斯维加斯的赌博业开始发展，并逐渐繁荣。这里的旅游业、娱乐业都非常发达，每年都有众多的游客来到这里购物旅游，欣赏艺术展。

中心

第10章

小硅谷，大智慧

离开了娱乐之都拉斯维加斯，两个孩子都累坏了，在车上呼呼大睡起来。路易斯大叔吹着口哨开着车，很快，汽车进入一个宁静的小镇，路易斯大叔把两个孩子叫醒。米娜揉了揉眼睛，看看周围的景色。这里绿树红花，街道干净而安静，叽叽喳喳的鸟鸣声在空中回荡，空气里掺杂着水汽，凉凉的，非常舒服，这是一个美丽的小城。

"下车吧，孩子们，我们到了。"两个孩子伸了伸懒腰走下车来，这里的街道和费城的一样干净，空气明显比纽约那样的大都市清新多了，让人心旷神怡。

"路易斯大叔，这里是什么地方

呀？"多多问。

"我喜欢这个小城，这里看起来真漂亮。"米娜拿着照相机"咔嚓""咔嚓"地拍着。

"孩子们，你们是到这里来旅游的吗？"路旁的一位叔叔见到他们，友好地问。

"嗯，叔叔您好。我们刚刚到这里，这个城市叫什么呀？"米娜有礼貌地回答。

"原来是这样呀。哈哈，这里是硅谷的一部分，不止这一个城市，还有这附近的一条沿着美国西海岸线的狭长地带，都是硅谷的一部分。"那位叔叔笑呵呵地说。

"硅谷？这里是一个山谷吗？是因为这里产硅，所以才叫硅谷吗？"米娜迷惑地问，这个地名可真是够奇怪的。

"哈哈，这里一开始是制造硅芯片的，所以被称为硅谷，但现在

这里除了生产芯片还有很多别的高科技产业。这里是美国乃至全世界人才汇集的地方。"叔叔的语气里带着一丝骄傲，为自己能在这个地方生活和工作自豪。

"高科技产业？可是我们走了那么久，一个大工厂都没有见到。这里也没有纽约港那种大轮船，路上的车辆也没有那么多，这种地方怎么会是人才最多的地方呢？"米娜有些不相信叔叔的话，她觉得这个叔叔是在吹牛呢。

"来，我带你们去我工作的地方参观参观你们就懂了。"那位叔叔在前面带路，两个孩

子半信半疑地跟着他走进一栋大厦。这里果真不是像他们想象的那种大工厂，这里没有隆隆作响的机器，没有电锯，甚至没有一个穿着工作服的工人在这里干活，而是像大都市里的公司一般，被分割成一个个格子间，每个人都西装笔挺，在办公室中聚精会神地工作。还有的人在悠闲地聊着天，或者双脚搁在桌子上，似乎在闭目养神。米娜走了一圈，皱着眉头问："叔叔，这里的人怎么上班都这个样子呀？"

"那你觉得上班应该是怎么样的呢？"叔叔微笑着问。

"至少也该坐端正了吧，这样子老板怎么会满意呢？"米娜暗示着在办公室里头闭目养神的那个人。

"哈哈，那是普通公司要求的工作方式。

在这里，老板是不会计较你的形象的，老板需要的是创意和利润，你刚刚看到的那个闭目养神的人，他用这种比较舒适的方式，能够想出好的创意，给公司带来更多的利润，那不就是老板所需要的员工吗？"叔叔笑着回答。

"那这里都是做什么的呀？为什么这些工作者看起来都那么年轻，这里也没有什么生产机器。"多多也觉得有些疑惑，说是大公司，可至少也得有个生产线什么的吧？这里除了几台电脑就什么都没有了。

"这些电脑就是我们的工作机器，你可别小看这些电脑，在硅谷落户的，都是一些高科技电子产品的生产企业，像是手机、芯片、晶导体等等，这些看起来不起眼的小东西，实际上是人类智慧的最高表

现。它们给硅谷创造了不计其数的财富，也正因如此，硅谷才能成为科技人才最为汇集的地方和产生财富最快的地方。你看看这些工作者，他们看起来很普通，可是80%都是世界一流大学的毕业生，凭自己的能力在硅谷积累起自己的财富。"叔叔说道。

两个孩子终于明白了，原来在硅谷落户的企业，和别的大城市里那些充满"烟尘"的重工业是不一样的，难怪这里的环境这么好。可是，他们还是有点不敢相信，仅仅凭着这几个年轻人还有这些电脑，他们就能积累起自己的财富，成为百万富翁？

"知识就是力量，孩子们。"路易斯大叔从后面赶上来，对那位叔叔的话表示赞同，"硅谷里创业的大都是年轻人，他们从大学里学到了一流的技术，带着自己的创意和胆识走进硅谷闯荡，很多人都能获得投资人的资助，从而创办起自己的公司，向整个世界兜售自己的创意产品。在硅谷，最重要的就是创新了。"

多多拿起一张芯片，把它上上下下左左右右看了个遍，真没想到，就是这么一个小小的东西，能让硅谷汇集起那么多的财富。

"多多，你现在家里用的电脑，还有爸爸妈妈用的手机，其中关键的技术部分，都是在硅谷研发完成的。"路易斯大叔说。

"真是不可思议，这里的人是不是都是天才呀？看起来都那么年轻。"米娜问道。

"不，他们中确实有很多人非常的聪明，但更加重要的是要有创

业的勇气和决心，遇到挫折时能够坚持下去，而且必须非常勤奋。你别看现在很多人很悠闲的样子，实际上他们都在构思，在运用自己的大脑。"那位叔叔用手指点了点自己太阳穴的地方，"这个部位，才是财富的来源。"

两个孩子似乎懂了，但又似乎没懂。叔叔又带着他们去参观了这附近的另外几家公司，都是差不多的氛围，年轻人是工作的主体，电脑是他们的工具，除此之外，看不出一点特别的地方。

"哈哈，你跟我来，这里肯定有你感兴趣的东西。"叔叔看到多多打了个呵欠，笑呵呵地把他带进一家公司。这里也是一样的格子间，一样的办公设备。叔叔把他带到一台电脑前，打开一个程序，多多马上两眼发光，是电脑游戏耶！

这可真对了他的胃口，他马上坐了下来，虽然是一款他没见过的游戏，但他很快就上手了。游戏里的人物和地图都非常精致，最重要的是让人有身临其境的感觉，比他之前玩过的游戏都要好。

直到路易斯大叔催促他，他才恋恋不舍地离开了电脑，离开时他问那位叔叔："这是什么游戏呀？比我以前玩的好多了。"

"这个游戏还没上市呢，你刚刚玩的只是测试版。"那位叔叔笑呵呵地说，"硅谷有很多软件公司，他们就是专门研发电脑程序的，还有很多在这里工作的人，他们小时候也像你一样很喜欢玩游戏，之后便开始研究电脑技术，现在长大了就用他们的特长来硅谷

创业。"

　　"真的呀！"多多听了特别高兴，"以后妈妈再也不能阻止我玩电脑游戏了，我要告诉她，这是有用的。"

　　听了多多的话，几个人都哈哈大笑起来。路易斯大叔宠溺地摸摸多多的脑袋，多多自己也调皮地笑了，但眼里却流露出一种决心：他以后要是来硅谷工作，妈妈就再也不能阻止他玩电脑了。

　　"好啦，孩子们，硅谷大部分公司都是这个类型的，你们可以自己再逛逛。叔叔先去工作啦。"

　　"谢谢您，叔叔再见！"两个孩子真诚地道谢，能遇到这位叔叔，真的是太幸运了。

第12章

欢乐的迪士尼乐园

第二天一大早，多多就催促着路易斯大叔和米娜起床，他已经迫不及待要去迪士尼了。路易斯大叔看到他着急的样子，拗不过他，只好加快了速度，在乐园还没开门的时候就带两个孩子排队等候。

8点一到，三个人就被一大群人推了进去。一进门就看到了真人大小的白雪公主和七个小矮人，正站在中央大街上欢迎他们，还有米老鼠和唐老鸭的小火车呼呼地开了过来。呈现在他们面前的是一个只在他们梦里出现过的童话世界。

"哇塞！米娜，快看，摩天轮！"多多率先跑过去，成功地排到了前面，米娜也跟了上去，两个孩子成为了当天最先坐上摩天轮的人。当摩天轮转到最顶处时，米娜紧紧闭着眼睛不敢往下看，多多则非常开心地叫喊着。

刚下摩天轮，多多马上就拉着米娜坐上小火车来到第一个主题公园——明日世界。在这里，所有的东西都以"宇宙与未来城市"作为主题。空中穿梭的火箭、金属材质的建筑物等让多多和米娜仿佛置身

于太空世界。他们跳上一艘模拟宇宙飞船，一按按钮，飞船就开始旋转，速度越来越快，米娜吓得哇哇大叫，多多却一点都不害怕，饶有兴致地看着那些亮晶晶的星星，还有时而掠过的流星，和他想象中的宇宙世界一模一样！

"米娜，快看，睡美人城堡！"刚离开明日世界，多多就拉着米娜赶去幻想世界。这里就非常合米娜的胃口了，一进门就看到一座漂亮的小城堡展现在他们面前，尖尖的城顶、欧式的小窗子，完全是童话世界里的样子。米娜想起了小时候妈妈给她讲的《睡美人》，不知道睡美人

和王子是不是真的住在里面呢。

"米娜，别愣着了，赶紧过来滑雪橇吧。"多多又拉着米娜去搭乘雪橇。他们坐在雪橇车上，一路滑了过去。忽然间，一大帮雪人从中间冒了出来，向他们投掷雪球，怎么躲也躲不开。两个人下了雪橇车，虽然一身狼狈，可是都非常地开心。

在幻想世界里，不仅仅有睡美人和雪人，还有白雪公主和七个小矮人，憨态可掬的维尼小熊会走过来和游客拥抱，可爱的跳跳虎还和米娜握了握手呢！

"孩子们，我们到新奥尔良广场看看吧。"路易斯大叔不知什么时候给自己找了一身海盗的装扮，腰间还挂着一把佩刀，看起来像真的一样。两个孩子走到路边，米老鼠开着小火车马上就嘟嘟嘟地过来了，把他们三个人从幻想世界载到了新奥尔良广场。下车后，米老鼠向他们招了招手，又开着小火车嘟嘟嘟地走了。

　　新奥尔良广场的气氛和幻想世界完全不一样，幻想世界是人们建立的一个现实中的童话世界，而新奥尔良广场则有一种复古的气息。路易斯大叔和两个孩子来到海盗船上，大船缓缓地进入水道，他们仿佛真的回到了那个海盗年代。海盗船上有很多奢侈的黄金制品，还有飘扬的海盗旗。途中，海盗们还唱起了歌，庆祝他们上一次劫掠的胜利。忽然，旁边经过一条商船，海盗们马上拔出刀枪，准备战斗，一船人都紧张不已。两个孩子也沉浸在这种气氛中，直到下了船，他们还感慨不已。多多甚至想要回到那个年代，当一个勇猛的海盗船长。

迪士尼乐园的游玩项目仿佛无穷无尽，八个主题公园怎么也逛不完，三个人从早到晚一直在里面疯狂地玩着。他们到冒险世界里看了赤道地区生长的热带植物，在美国大街上坐了真实的马车，看到了冒着蒸汽的机器，还在鬼楼里面被吓得哇哇大叫几乎是哭着出来。直到晚上12点，乐园打烊的时候，三人才依依不舍地走出来，里面的项目还没玩到一半呢！

　　回到酒店，两个孩子累得马上就躺在了床上，米娜取出照相机边看自己白天的照片边乐，和米奇的合照，和白雪公主的合照……这些梦想中的童话人物，竟然能那么真实地出现在她面前，实在是太梦幻了！

　　"迪士尼乐园实在是太好玩了，建造这个乐园的人一定是个天才！"多多说。

"哈哈，这个现实中的童话世界是在1955年，由美国动画片大师沃尔特·迪士尼创办的，它是世界上最大的综合乐园。现在，除了在洛杉矶附近，美国的奥兰多和法国巴黎、日本东京、中国的香港和上海都有迪士尼乐园。"路易斯大叔说起迪士尼乐园的历史也头头是道。

"他好厉害，好像完全知道我们心里在想什么，把我们梦中的世界全部都建造成了现实的东西。"米娜感叹道。

"嗯，人们都称迪士尼先生为米老鼠之父。"路易斯大叔说，"那只可爱的米奇老鼠就是他创作的。还有你们看过的《白雪公主》《木偶奇遇记》等等很多动画片，都是迪士尼先生制作出来的。"

"好厉害！"两个孩子都对迪士尼先生的成就感到惊奇，没想到，他

创作出了那么多经典的动画片，自己的整个童年都是在他创作的这些动画形象的陪伴下度过的呢！

"哈哈，迪士尼先生不仅仅是一个了不起的人，他还非常地谦虚，你们知道他经常说的一句话是什么吗？"路易斯大叔说。

"是什么呀？"多多问。

路易斯大叔装出特别严肃的样子，用深沉的语气说道："我不会忘记，一切都是由一只老鼠开始的。"

两个孩子先是愣了一下，接着就被路易斯大叔这副故作深沉的样子逗得爆笑起来，但迪士尼先生的那句话却深深地印在了他们的心底。直到晚上睡觉的时候，米娜还在回味迪士尼先生的这句话。一位取得这么大成就的人尚且如此谦虚，自己就更应该如此了。

第15章

恋恋不舍地离开

一大早，多多和米娜就被催促着起来赶去檀香山机场。这意味着他们就要离开夏威夷这颗太平洋的明珠了，同时，他们的美国之旅也要告一段落了。离开的前一刻，酒店里的一个小女孩还给他们送了花环，作为这一趟旅行的纪念。大家都非常舍不得，快上飞机的时候，米娜甚至已经忍不住哭了。

　　"别感伤了，这一次我们已经从东到西走过了美国最具代表性的几个地方，我相信它们都给你们留下了深刻的印象。以后，我们还可以故地重游，那里的人们也一定会欢迎我们的。"路易斯大叔宽慰两个孩子。

　　同时，他的脑海里，已经开始构思下一段旅途了。